BEI GRIN MACHT SICH IHR WISSEN BEZAHLT

Bibliografische Information der Deutschen Nationalbibliothek:

Die Deutsche Bibliothek verzeichnet diese Publikation in der Deutschen National-
bibliografie; detaillierte bibliografische Daten sind im Internet über http://dnb.d-
nb.de/ abrufbar.

Dieses Werk sowie alle darin enthaltenen einzelnen Beiträge und Abbildungen
sind urheberrechtlich geschützt. Jede Verwertung, die nicht ausdrücklich vom
Urheberrechtsschutz zugelassen ist, bedarf der vorherigen Zustimmung des Verla-
ges. Das gilt insbesondere für Vervielfältigungen, Bearbeitungen, Übersetzungen,
Mikroverfilmungen, Auswertungen durch Datenbanken und für die Einspeicherung
und Verarbeitung in elektronische Systeme. Alle Rechte, auch die des auszugsweisen
Nachdrucks, der fotomechanischen Wiedergabe (einschließlich Mikrokopie) sowie
der Auswertung durch Datenbanken oder ähnliche Einrichtungen, vorbehalten.

Impressum:

Copyright © 2009 GRIN Verlag, Open Publishing GmbH
Druck und Bindung: Books on Demand GmbH, Norderstedt Germany
ISBN: 9783668121492

Dieses Buch bei GRIN:

http://www.grin.com/de/e-book/143762/die-viten-des-heiligen-thomas-becket-his-
torische-zeitzeugenberichte-im

Andreas Barthel

Die Viten des Heiligen Thomas Becket. Historische Zeitzeugenberichte im Vergleich mit dem Werk Thomas von Froidmonts

GRIN Verlag

Andreas Barthel

Die Viten des heiligen Thomas Becket

*Historische Zeitzeugenberichte im Vergleich
mit dem Werk Thomas von Froidmonts*

INHALTSVERZEICHNIS

Einleitung   4

1 Quellenscheidung und Redaktionsgeschichte   5

1.1 Die Eruditi Sancti Thome – Zeitzeugen und Begleiter Beckets   7

1.2 Die Biographen Thomas Beckets   8

1.3 Thomas von Froidmont als sekundärer Biograph und Kompilator   14

2 Quellenvergleich: Wichtige Stationen im Leben Thomas Beckets   16

2.1 Die Kindheit und Jugend des Heiligen   16

2.2 Der Wandel im Amt   17

2.3 Konflikt und Exil   20

2.4 Das Martyrium Thomas Beckets   23

2.5 Die Wundererzählungen   28

Fazit   30

Literaturverzeichnis   31

»Nicht der Schmerz zeigt die Märtyrer,
sondern die Sache, um deretwillen sie leiden.«

AUGUSTINUS, Auslegung zu Psalm 34,2,13

EINLEITUNG

»*Wo soll ich nur beginnen?*«[1], so lautete die Frage Johannes von Salisburys, als er vor der schwierigen Aufgabe stand, einen seiner Freunde über die Ermordung Thomas Beckets zu informieren. Und in der Tat – so wechselvoll und ereignisreich das Leben des Lordkanzlers Heinrichs II. und Erzbischofs von Canterbury war, so spektakulär waren die Umstände seines gewaltsamen Ablebens, das in der Folgezeit eine Fülle an Zeitzeugenberichten hervorbrachte und eine Reihe von Sekundärbiographen zur Kompilation weiterer Viten veranlasste.

Ziel dieser Arbeit wird es deshalb sein, Vita und Passio des heiligen Thomas Becket in einer vergleichenden Zusammenschau der historischen Quellen nachzuvollziehen:

Der *erste Teil* soll zunächst einen kurzen entstehungsgeschichtlichen Abriss liefern, und klären, in welchem Verhältnis die historischen Zeitzeugen zum Märtyrer standen. Er wirft außerdem einen besonderen Blick auf die Arbeit Thomas von Froidmonts, der einige der wichtigsten Zeugnisse in besonders vorbildlicher Weise zusammengestellt hat.

Anschließend sollen im *zweiten Teil* anhand der wichtigsten Stationen im Leben des Märtyrers redaktionelle Hintergründe, Unterschiede und Zusammenhänge zwischen den einzelnen Berichten aufgezeigt werden, wobei das Hauptaugenmerk wieder auf dem Werk Thomas von Froidmonts liegen wird. Dabei soll gleichzeitig die Frage diskutiert werden, ob und inwieweit Thomas Becket als Märtyrer im klassischen Sinne gelten kann.

---

[1] SALISBURY, J. v., The Letters of John of Salisbury, Vol. 2: The Later Letters (1163–1180), hrsg. von W. J. MILLOR und C. N. L. BROOKE, Oxford 1979, Nr. 305, 724–739.

1 Quellenscheidung und Redaktionsgeschichte

Wirft man einen Blick auf die historische Becketforschung, so lässt sich sagen, dass diese trotz einer erstaunlichen Zahl an Überlieferungen bisher noch nicht allzu weit gediehen ist. Die zentrale Forschungsarbeit war bisher weitgehend auf den angloamerikanischen und französischen Raum beschränkt: James C. ROBERTSON lieferte in den Jahren von 1875 bis 1885 eine erste Sammlung lateinischer Quellen[2], die bisher leider weitgehend unkommentiert und unverbunden nebeneinander stehen geblieben sind. Eine umfassendere Darstellung, wie etwa in den *Acta Sanctorum* der Bollandisten, ist bisher nicht erfolgt; aufgrund seines sehr späten Todesdatums im Jahresverlauf dürfte Thomas Becket einer der Letzten sein, dessen Viten in diesem Rahmen erschlossen werden.

Es ist daher nicht verwunderlich, dass die historische Forschung noch immer mit der schwierigen Aufgabe der Datierung und Quellenzuschreibung beschäftigt ist. In der Zwischenzeit konnten jedoch durch weitere, v. a. literaturgeschichtliche Forschungen von Emmanuel WALBERG, David KNOWLES und Antonia GRANSDEN [3] die Werke der frühen Autoren näherhin erschlossen und in eine zeitliche Reihenfolge gebracht werden:

---

[2] ROBERTSON, J. C.: Materials for the History of Thomas Becket, Archbishop of Canterbury (= Rerum Britannicarum Medii Aevi Scriptores, Rolls Series 67), London 1875–1885.

[3] Vgl. WALBERG, E., La tradition hagiographique de Saint Thomas Becket avant la fin du XIIe siècle: études critiques, Paris 1929; KNOWLES, D., Thomas Becket, London 1970; GRANSDEN, A., Historical Writing in England c. 550 to c. 1307, London 1974; DUGGAN, A., Thomas Becket: A Textual History of his Letters, Oxford 1980; FOREVILLE, R., Thomas Becket dans la tradition historique et hagiographique, Paris 1981. Vgl. außerdem die schematischen Übersichten im Vorwort von FOREVILLE, R., L'Église et la royauté en Angleterre sous Henri II Plantagenet (1154–1189), Paris 1943, xxx und bei BARLOW, F., Thomas Becket, London 1986, 5.

Edward Grim	1171/72	BHL 8182
Wilhelm von Canterbury	Jun 1172 ~ Dez 1174	BHL 8184
Anonymus II (Lambeth)	1172/73	BHL 8188
Wilhelm Fitzstephen	1173/74	BHL 8176
Johannes von Salisbury	April 1173 ~ Juli 1176	BHL 8180
Benedikt von Peterborough	1174	BHL 8170
Guernes de Pont-Sainte-Maxence	Ende 1174	
Anonymus I (Roger von Pontigny)	1176/77	BHL 8183
Alan von Tewkesbury	1179	BHL 8181
Robert von Cricklade	1180 (lat. Fassung verloren)	
Herbert von Bosham	1186	BHL 8190
Quadrilogus I und II	1199(?) und 1217(?)	

Abb. 1 Chronologie der Biographen Thomas Beckets[4]

Michael STAUNTON wählt zur Ordnung der Biographen einen alternativen Ansatz: anstelle einer chronologischen legt er eine redaktionstypologische Gliederung zugrunde und fasst Grim, Guernes und Anonymus I als »Geschichtsschreiber«, Anonymus II und Tewkesbury als Kritiker sowie Benedikt von Peterborough und Wilhelm als »Canterbury-Insider« zusammen.[5] Diese Ordnung erweist sich auch für die vorliegende Arbeit als sinnvoll, da

---

[4] Übersicht erstellt nach SCHMIDT, P. G. (Hrsg.), Thomas von Froidmont. Biograph des Heiligen Thomas Becket (= Sitzungsberichte der Wissenschaftlichen Gesellschaft an der Johann-Wolfgang-Goethe-Universität Frankfurt am Main, Bd. 25, Nr. 4), Stuttgart 1989, 134; erweitert durch die Befunde der in Anm. 3 genannten Quellen und Schemata.

[5] Vgl. STAUNTON, M., Thomas Becket and his Biographers (= Studies in the History of Medieval Religion 28), Woodbridge 2006.

hier eine redaktionsgeschichtliche Zusammenschau geleistet werden soll; sie wird deshalb im Folgenden in ähnlicher Weise aufgegriffen und durch Befunde anderer Historiker entsprechend ergänzt.

1.1 Die *Eruditi Sancti Thome* – Zeitzeugen und Begleiter Beckets

Die enorme Geschwindigkeit, mit der sich die Kunde vom Martyrium Thomas Beckets ausbreitete, lässt sich durch die ungewöhnlich hohe Zahl von Zeitgenossen und Vertrauten erklären, die ihre Erinnerungen an sein Leben und Wirken mit ebenso eindrucksvoller Effizienz festhielten. Beckets vielgerühmte Fähigkeit, zeitgenössische Theologen und andere Gelehrte um sich zu scharen und als Begleiter für seine Reisen zu gewinnen, sollte in diesem Zusammenhang gleich ein dreifacher Vorteil sein: Zum einen für Becket selbst, dem seine *Eruditi* kurzweilige Begleiter und – gerade im Hinblick auf seine stetig wachsenden, immer konfliktträchtigeren Aufgaben – wertvolle Informanten waren [6]; im Gegenzug konnten sich diese versichert sein, durch ihre Dienste für den Erzbischof eine höhere Stellung zu erlangen, ja ihren Lehrmeister, wie im Falle Humberts von Mailand, des späteren Papstes Urban III., sogar übertreffen. [7]

Vorteilhaft war diese Partnerschaft nicht zuletzt auch für die Nachwelt, vor allem für die historische Forschung: Es kommt nicht von ungefähr, dass ein guter Teil der verlässlichsten Zeugnisse über die Person und das Wirken Thomas Beckets aus der Feder seiner fachkundigen Begleiter stammt. Dass die zeitliche Nähe der Autoren jedoch kein Garant für hohe formale und

---

[6] Vgl. SCHMIDT, Thomas von Froidmont, 131.

[7] Ebd. — Herbert von Bosham berichtet am Ende seiner Vita von einem Kreis von Personen, deren Leben und Aufstieg an der Seite Beckets er ausführlich darstellt: BOSHAM, H. V., Vita Sancti Thomæ, archiepiscopi et martyris, in: ROBERTSON, James C. (Hrsg.), Materials for the History of Thomas Becket, Archbishop of Canterbury, Bd. III (= Rerum Britannicarum Medii Aevi Scriptores, Rolls Series 67), London 1877, 155–534, hier 529f.

inhaltliche Übereinstimmung ist, zeigt eine kurze Zusammenschau ihrer Aufzeichnungen:

1.2 Die Biographen Thomas Beckets

1.2.1 Die ersten Zeugnisse aus Canterbury: Grim, Salisbury, Canterbury, Peterborough

Blickt man zunächst nur auf die Werke, die in Canterbury entstanden, so stellt man fest, dass dort im siebten Jahr nach dem Tod Thomas Beckets bereits fünf verschiedene Versionen der *Vita Sancti Thomæ* vorlagen:

Von EDWARD GRIM, der laut Herbert von Bosham aus Canterbury stammte, wird nur nicht nur seine Anwesenheit bei der Ermordung Beckts bezeugt, es wird außerdem weiter überliefert, er habe schützend seinen Arm vor das Gesicht Beckets gehalten und sei dabei schwer verwundet worden. Seine Courage wurde bereits von Herbert in seinem Katalog der *Eruditi Sancti Thome* bezeugt.[8] Und auch in der hierarchisch gegliederten Quellenangabe Thomas von Froidmonts rangiert der einfache Kleriker Grim an dritter Stelle, gleich hinter dem Bischof Johannes von Salisbury und dem Magister Herbert von Bosham.[9] Grims Vita gilt mit einer Abfassungszeit um 1171/72 als die erste der Becketviten. Ihr hoher historischer Wert ergibt sich vor allem aus dem minutiösen Augenzeugenbericht des Martyriums. Andere Details über die Wahl Beckets zum Erzbischof und die Versammlungen in Clarendon und Northampton sind ebenfalls genau beschrieben, werden aber in ihrer Qualität von Wilhelm von Canterbury und Herbert von Bosham noch deutlich übertroffen.[10]

---

[8] Vgl. Anm. 7.

[9] Vgl. SCHMIDT, Thomas von Froidmont, 139.

[10] Vgl. DUGGAN, Textual History, 177.

Das Zeugnis des ranghöchsten Becket-Biographen JOHANNES VON SA-
LISBURY, von 1176 bis 1180 Bischof von Chartres, gründet sich im Wesentli-
chen auf einen Brief, in dem dieser den Bischof von Poitiers in äußerst knap-
pen Worten über die Ermordung Beckets informiert.[11] Die Kürze seiner Vita ist insofern bemerkenswert, als Johannes Thomas Becket lange Zeit als
Berater und Anwalt zur Seite gestanden, ihn während des Exils von England
aus unterstützt und auch seinen Tod aus nächster Nähe beobachtet hatte.[12]

WILHELM VON CANTERBURY war nur wenige Tage vor Beckets Tod
von diesem zum Diakon geweiht worden und liefert das mit Abstand um-
fangreichste Zeugnis von den Ereignissen im Dezember 1170. Er galt als en-
ger Vertrauter Beckets, seine Zeugenschaft für dessen Tod ist jedoch umstrit-
ten: Während Staunton ihn zu den Augenzeugen rechnet[13], ist Paul Gerhard
Schmidt der Ansicht, er sei kurz zuvor aus der Kathedrale geflohen.[14] William von Canterbury stützt sich vor allem auf gesicherte mündliche
Überlieferungen und eine Vielzahl an Briefen und anderen Schriftstücken,
die die Auseinandersetzung Beckets mit dem König dokumentieren; so ü-
bernimmt er etwa die gesamten Konstitutionen von Clarendon und die königlichen Erlässe aus dem Jahr 1169.[15] Neben der Vita liegt von Wilhelm von
Canterbury außerdem eine umfassende Beschreibung der Wunder und Pil-
gerfahrten nach dem Tod Beckets vor.[16]

BENEDIKT, der Prior von Canterbury und spätere Abt von Peterborough, ergänzte den Kanon an Becketliteratur um das Jahr 1174. Neben sei-

---

[11] SALISBURY, J. v./TEWKESBURY, A. v., Vita Sancti Thomæ Cantuariensis Archiepiscopi et
martyris, in: ROBERTSON, Materials, II, 299–322.

[12] Vgl. STAUNTON, Biographers, 4.

[13] Ebd.

[14] Vgl. SCHMIDT, Thomas von Froidmont, 135.

[15] Vgl. DUGGAN, Textual History, 183.

[16] CANTERBURY, W. v., Miraculorum gloriosi martyris Thomæ, Cantuariensis Archiepiscopi, in: ROBERTSON, Materials, I, 173–546.

nem Augenzeugenbericht – dieser ist nur fragmentarisch als Teil der aus vier Quellen bestehenden QUADRILOGUS-I-Vita erhalten – liegt eine Sammlung von Wundererzählungen vor, mit deren Aufzeichnung er noch zu Lebzeiten Thomas Beckets begonnen hatte.[17]

1.2.2 Der letzte Zeuge: Herbert von Bosham

Als wichtigstes Mitglied der *Eruditi Sancti Thome* stand Herbert von Bosham Becket in theologischen Fragen zur Seite und begleitete ihn als einziger ins Exil.[18] Seine Vita wird auf das Jahr 1186 datiert; sie ist damit unter den *Eruditi*-Schriften der letzte und zugleich bei Weitem voluminöseste Zeitzeugenbericht. Boshams Ansatz, persönliche Informationen mit reflektierenden und meditativen Elementen zu durchsetzen (*»quasi non solum facta, sed et animum facientis, quem ab ipso sic accepi factore«*[19]), produzierte jedoch anstelle einer kompakten historischen Chronologie ein Stück Erbauungsliteratur mit erheblichen Redundanzen. Bosham selbst war sich dessen durchaus bewusst (*»sepius idem volvo et revolvo«*[20]), betrachtete die Vita jedoch als sein Lebenswerk; entsprechend deutlich fiel seine – natürlich unerhörte – Bitte an künftige Redaktoren aus, die Biographie nur ungekürzt weiterzuverwenden.[21]

Paul Gerhard Schmidt folgert daraus einen »Mangel an Augenmaß und Disziplin«, der für den Schreibstil und die Persönlichkeit Boshams gleichermaßen symptomatisch gewesen sei. Die Tatsache, dass er »durch Reizbarkeit, Streitlust und eifernden Rigorismus« auffiel und so über den Tod Beckets

---

[17] PETERBOROUGH, B. v., Miracula S. Thomæ Cantuariensis, in: ROBERTSON, Materials, II, 21–281; vgl. ABBOTT, E. A.: St. Thomas of Canterbury. His death and miracles, New York 1898, 18.

[18] SCHMIDT, Thomas von Froidmont, 131.

[19] BOSHAM, H. v., Vita Sancti Thomæ, archiepiscopi et martyris, in: ROBERTSON, Materials, III, 248.

[20] SCHMIDT, Thomas von Froidmont, 132 unter Rückgriff auf BOSHAM (Materials, III, 496).

[21] Ebd.

10

hinaus »zur Verschärfung der Konflikte beitrug«, habe ihm als einzigem der *Eruditi* den Weg zu höheren Ämtern versperrt.[22]

1.2.3 Die ersten Redaktoren: Guernes, Alan von Tewkesbury, Anonymus II und I

War GUERNES DE PONT-SAINTE-MAXENCE zwar kein Begleiter Beckets, so reiste der *trouvère* von der Ile de France jedoch immerhin nach Beckets Tod nach Canterbury, um dort mit Zeitzeugen zu sprechen und deren Berichte in eine französischsprachige Vita in Versform zu fassen.[23] Entsprechend reich ist das von ihm verwendete Quellenmaterial: Frank Barlow nimmt an, Guernes habe neben den mündlichen Überlieferungen aus nicht weniger als vier Canterbury-Quellen geschöpft (Johannes von Salisbury, Edward Grim, Benedict von Peterborough, Wilhelm von Canterbury).[24] Während die Erzählstruktur an die Vita Edward Grims erinnert, lässt die Schwerpunktsetzung – auch er integriert einen Teil der Briefe, *Constitutions* und königlichen Erlässe – die Handschrift Wilhelm von Canterburys erkennen.[25]

Die Versammlung geistlicher und weltlicher Größen in Clarendon steht auch im Zentrum der literarischen Erweiterung durch ALAN VON TEWKES-BURY. Es gilt als gesichert, dass diesem bei der Abfassung der Vita der Brief Johannes von Salisburys vorlag; die Kürze der Darstellung wurde von ihm jedoch für unzulänglich befunden und entsprechend erweitert. Er zeichnet deshalb die einzelnen Stationen der fünfjährigen Auseinandersetzung um die

---

[22] Ebd.

[23] PONT-SAINTE-MAXENCE, G. d., La vie de Saint Thomas Becket, hrsg. von Emmanuel WALBERG, Paris 1971, v. 171–200; vgl. BARLOW, Thomas Becket, 6.

[24] Vgl. BARLOW, Thomas Becket, 5.

[25] Vgl. DUGGAN, Textual History, 203 und BARLOW, Thomas Becket, 5.

Stellung der Geistlichkeit nach, die schließlich in Beckets Verweigerungshaltung und anschließender Flucht gipfelt.[26]

Ein weiteres historisches Verdienst Alans ist darüber hinaus die 1176 fertiggestellte Sammlung der Becketbriefe, die neben der mündlichen Überlieferung eine weitere wertvolle Quelle für die späteren Biographen darstellte.[27] Zusammen mit dem Originalbrief Johannes von Salisburys bildet die Tewkesbury-Vita den Prolog[28] für die Briefsammlung.

Von ANONYMUS II (»LAMBETH«) wurde ein Manuskript überliefert, das sich im Londoner Lambeth Palace befindet. Der Verfasser bezeichnet sich im Vorwort als Augenzeugen des Marytriums; es wird jedoch allgemein angenommen, er sei erst nach dem Tod Beckets als Mönch an die Christ Church in Canterbury gekommen. Der eindrucksvollste Unterschied zu den vorgenannten Biographen besteht darin, dass er Thomas nicht übermäßig glorifiziert, sondern in einigen Passagen dessen Wut auf den König und seine Mitbrüder und im Gegenzug deren vehemente Kritik an seiner Person beschreibt.[29]

Die Tatsache, dass er als Zweck seiner Vita trotzdem die »edificatio«[30] des Lesers angibt, lässt eine fast schon moderne Sichtweise erkennen, in der zur moralischen Erbauung an einer Heiligenfigur ein kritischer Reflexionsprozess ausdrücklich erwünscht ist. So leistet seine Redaktionsarbeit nicht nur eine Erweiterung der Inhalte, sondern bereichert diese zudem um eine neue hagiographische Perspektive.

Person und Herkunft des ANONYMUS I waren bis zur Becketvita Thomas von Froidmonts unbekannt. Erst dessen Prolog stellt eine Verbindung zu

---

[26] Vgl. ABBOTT, St. Thomas of Canterbury, 18.

[27] Vgl. SCHMIDT, Thomas von Froidmont, 136f. und STAUNTON, Biographers, 5.

[28] SALISBURY, J. v./TEWKESBURY, A. v., Vita Sancti Thomæ Cantuariensis Archiepiscopi et martyris, in: ROBERTSON, Materials, II, 299–322.

[29] Vgl. STAUNTON, Biographers, 39f.

[30] ROBERTSON, Materials, IV, 80.

ROGER DE PONTIGNY her. Wie Froidmont selbst war dieser Zisterzienser-mönch und stand vermutlich im Dienst des exilierten Thomas Becket (*»viri sancti pro Christo exulantis in Pontiniaco minister«*[31]). Trotz der brüderlichen Nähe fanden die Aufzeichnungen Rogers jedoch nur wenig Betrachtung bei Thomas von Froidmont.

1.2.4 Die »Königstreuen«: William Fitzstephen und Robert von Cricklade

Ein weiterer bedeutender Zeitzeuge ist WILLIAM FITZSTEPHEN, der schon im Dienste des Lordkanzlers Becket gestanden hatte. Sein Bericht spiegelt deshalb wie kein anderer den Beginn und das sich entwickelnde Dilemma der doppelten Machtstellung Beckets wieder.[32] Trotz seiner intensiven per-sönlichen Einblicke wird William nicht den *Eruditi Sancti Thome* zugerechnet – vermutlich deshalb nicht, weil er im Konflikt zwischen Becket und Hein-rich II. seine Interessen stets auf beiden Seiten zu verfolgen wusste: war er zunächst als Schreiber für den Erzbischof tätig, so trat er während der Zeit des Exils wieder in die Dienste des Königs. Nach der Rückkehr Beckets er-hielt er seine alte Stellung zurück, die er nach dessen Tod wiederum für das Amt des königlichen Sheriffs und Richters eintauschte.[33] Man mag darüber streiten, ob ihn diese Wandlungsfähigkeit im Vergleich zu den *Eruditi* zu ei-nem Biographen minderer Qualität macht – fest steht, dass die Vita von Wil-liam Fitzstephen bei späteren Autoren kaum mehr Beachtung fand.[34]

---

[31] FROIDMONT, Th. v., Die Vita des heiligen Thomas Becket, Erzbischof von Canterbury, hrsg. und übers. von Paul Gerhard SCHMIDT (Schriften der Wissenschaftlichen Gesellschaft an der Johann-Wolfgang-Goethe-Universität Fankfurt am Main, Geisteswissenschaftliche Reihe 8), Stuttgart 1991, 8.

[32] Vgl. STAUNTON, Biographers, 4.

[33] Vgl. SCHMIDT, Thomas von Froidmont, 135.

[34] Ebd.

Ähnliches gilt für ROBERT VON CRICKLADE, einen Augustinerprior aus Oxford. Seine Vita gilt heute als verloren, es wurde jedoch mithilfe späterer Werke der Versuch einer Rekonstruktion unternommen.[35] Immerhin lieferte Cricklade damit aber die Vorlage für eine im 13. Jahrhundert entstandene isländische Saga über Thomas Becket[36]. Diese wiederum enthält jedoch Details, die einer weiteren Rezeption im Wege gestanden sein dürften: so wird beispielsweise über zwei Seiten hinweg berichtet, der Heilige habe zeit seines Lebens gestottert.[37]

1.3 Thomas von Froidmont als sekundärer Biograph und Kompilator

Anders als seine Vorgänger konnte sich THOMAS DE FRIGIDO MONTE bei seiner Biographie nicht auf seine eigenen Erlebnisse beziehen. Der Zisterziensermönch aus dem nordenglischen Beverly, wo Thomas Becket nach seiner Rückkehr vom Studium als Propst tätig war, wurde erst um 1160 geboren.

Froidmont hat dafür das Privileg, aus den minutiösen, aber weitgehend unsystematischen Quellen seiner Vorgänger schöpfen zu können, die er – vermutlich über die gut vernetzten Generalkapitel der Zisterzienserorden – in ausländischen Bibliotheken aufgespürt hatte[38]. Diese verband er in Respekt vor den Zeitgenossen Beckets und mit Blick auf seine Leserschaft zu einem neuen Ganzen, indem er die zentralen Aspekte von Beckets Leben und Wirken übernahm, aber dennoch in ihrer je eigenen Wortwahl und Erzählperspektive nebeneinander bestehen ließ.

---

[35] ORME, M., A Reconstruction of Robert of Cricklade's Vita et Miracula S. Thomæ Cantuariensis, Analecta Bollandina, 84 (1966), 379–398.

[36] MAGNUSSON, E. M., Thomas Saga Erkibyskups, 2 Bde., London 1884.

[37] STAUNTON, Biographers, 6 unter Rückgriff auf MAGNUSSON, Saga, I, 28–29.

[38] Vgl. SCHMIDT, Thomas von Froidmont, 139f. und FROIDMONT, Vita, 14.

Zur Legitimation seiner Arbeitsweise führt er im Vorwort eine ganze Reihe von Beispielen aus der antiken Literatur (etwa das Konzilienbuch von Hilarius) und bildenden Kunst (z. B. das Helena-Mosaikgemälde von Zeuxis) an.[39] In seiner Argumentation beweist er außerdem profunde Kenntnisse klassischer Autoren wie Cicero und Ovid – Anklänge an deren Werke ziehen sich durch seine gesamte Vita.

Bei Thomas von Froidmont wird sehr deutlich, warum sekundäre Autorenschaft im 13. Jahrhundert nicht gleichbedeutend mit verminderter Qualität war, sondern im Gegenteil hoch geschätzt wurde: Einerseits wurde das Werk schon durch den guten Namen und die *auctoritas* der zitierten Erstbiographen legitimiert, die Thomas respektvoll *»(viri) vita et eruditione clarissimi«*[40] nennt. Außerdem bot die Technik der Kompilation die Möglichkeit, Einzelbelege und autorenübergreifende Aussagen, die Thomas als *»diversa quidem nec adversa«*[41] bezeichnet, zu einem kompakten Ganzen zu verdichten (*»in unam compingere hystoriam«*[42]), ohne dabei wie Alan von Tewkesbury den Blick einseitig zu verengen oder sich in der Redundanz eines Herbert von Bosham zu verlieren. Zwar stützt Froidmont auf Letzteren gut die Hälfte seiner Vita, beschränkt sich jedoch konsequent auf die relevanten, inhaltsreichen Passagen. Das Ergebnis ist ein wohlausgewogenes, informatives und erbauliches Werk von lesbarem Umfang, für das der Autor dem Geist der Zeit entsprechend auch noch minutiöse Quellenangaben liefert – ein Musterbeispiel für seriöse Quellenkritik und verantwortungsvolle Redaktion.

Als Anlass zur Abfassung der Biographie gilt die Translation des heiligen Thomas Becket in dessen 50. Todesjahr, also im Jahre 1220[43]. Dazu passt die

---

[39] Vgl. SCHMIDT, Thomas von Froidmont, 138f.

[40] FROIDMONT, Vita, 8.

[41] FROIDMONT, Vita, 4.

[42] Ebd.

[43] Vgl. SCHMIDT, Thomas von Froidmont, 142.

Information Froidmonts, Auftraggeber sei ein gewisser Aegidius von Aulne gewesen[44] – dieser war zum fraglichen Zeitpunkt Abt seines Zisterzienserklosters.

2 QUELLENVERGLEICH: WICHTIGE STATIONEN IM LEBEN THOMAS BECKETS

Nach diesem kurzen Abriss über die bedeutendsten Biographen Beckets und die Voraussetzungen für deren Viten soll nun geklärt werden, inwieweit die Vita Thomas von Froidmonts von deren Aufzeichnungen beeinflusst ist und welche unverwendeten, aber dennoch wichtigen Aspekte sich darüber hinaus in den Primärbiographien finden lassen. Dies lässt sich am besten anhand der zentralen Momente und Wendepunkte in dessen Leben nachvollziehen:

2.1 Die Kindheit und Jugend des Heiligen

Die hagiographische Forderung, in der Vita eines Heiligen Aufschluss über dessen Kindheit und Jugend zu geben, wurde zuerst von Edward Grim erfüllt.[45] Thomas von Froidmont übernahm etliche seiner Passagen ohne jede Bearbeitung und stellte durch biblische Zitate Parallelen zu zentralen Aspekten des Lebens Jesu her – von der vorgeburtlichen Auserwähltheit (»electus igitur in Christo ante mundi constitutionem«[46]) zur gottbehüteten Kindheit (»crevit itaque puer et Dominus erat com illo«[47]).

---

[44] Vgl. FROIDMONT, Vita, 4.

[45] Vgl. SCHMIDT, Thomas von Froidmont, 135.

[46] FROIDMONT, Vita, 16 nach GRIM (Materials, II, 356); vgl. Eph 1,4.

[47] FROIDMONT, Vita, 4 nach 1Kön 3,19.

Mit Bezug auf Roger de Pontigny entwirft Froidmont einen Vergleich mit dem Apostel Thomas, an dessen Festtag Becket geboren worden war, und mit dessen Namen er auch das Martyrium erben sollte.[48] Darüber hinaus berichtet er übereinstimmend mit Grim, Fitzstephen, Pontigny und Guernes von einer Feuersbrunst, die bei der Geburt des Thomas große Teile Londons verwüstete und einer Vision, bei der die aufgefaltete Purpurdecke des Kindes ganz England bedeckte[49]. Darin zeigen sich erste Vorausdeutungen auf die künftige Machtstellung als Erzbischof und zweiter Mann im Staat nach dem König. Die Vision von einer Fürstin, die Thomas zwei goldene Schlüssel überreicht, bringt diese zwei Dimensionen der Macht, die sein Schicksal in der bekannten Weise besiegeln sollten, noch deutlicher zum Ausdruck: »*Duplex est in hominibus gratia, una divina, alia secularis*«[50] – seine beiden Ämter sollen ihm zu besonderer, »doppelter« Ehre gereichen – bei Gott *und* unter den Menschen.

2.2 Der Wandel im Amt

2.2.1 Der Weg zur Lordkanzlerschaft und die Wahl zum Erzbischof von Canterbury

Wie eine Bestätigung dessen liest sich die Schilderung der Folgezeit, in der Thomas durch Eifer und Pflichterfüllung das Vertrauen des Erzbischofs Theobald gewinnt (»*invenit in oculis archiepiscopi gratiam, [...] illius animum sedulis sibi devinxit obsequiis*«[51]); er wird von ihm daraufhin in den Rang des Ar-

---

[48] FROIDMONT, Vita, 18 nach ANONYMUS I (Materials, IV, 4).

[49] Vgl. FROIDMONT, Vita, 18; GRIM (Materials, II, 356f.); FITZSTEPHEN (Materials, III, 13f.); ANONYMUS I (Materials, III, 3f.); PONT-SAINTE-MAXENCE, Vie, v. 171–200.

[50] FROIDMONT, Vita, 18; vgl. BOSHAM (Materials, Vita, III, 163) und Gal 5,22.

[51] FROIDMONT, Vita, 24 nach 1Kön 16,22.

chidiakons von Canterbury und gleichzeitig zum Propst von Beverly – Thomas von Froidmont selbst stammte von dort – erhoben.

Die Gunst des Erzbischofs und dessen vergleichsweise hoher Einfluss auf die geschwächte Herrschaft des neuen Königs Heinrich II. (vgl. auch Kapitel 2.3.2) ebnen Becket schließlich den Weg zum Lordkanzler – er ist damit *»post regem secundus«*[52] im Reich. Froidmont beschreibt im Folgenden mit den Worten Edward Grims, wie es Becket schließlich gelingt, sich auch den jungen König zum Freund zu machen (*»Rex [...] tantum honoris, tantum illi dilectionis et libertatis, quantum nemini unquam hominum impendisse cognoscitur«*[53]); somit hat sich auch der zweiten Teil der Vision von den zwei goldenen Schlüsseln erfüllt.

In der Hoffnung, Thomas Becket werde ihm auch als Erzbischof von Canterbury weiterhin treu ergeben sein, ernennt Heinrich II. diesen im Mai 1162 zum Nachfolger des verstorbenen Theobald. Für Becket, der den Einflussbereich des Erzbischofs genau kennt, ist ein Konflikt unausweichlich: *»[S]i domino Disponente acciderit sic, citissime a me avertes animum, et gratiam, que nunc inter nos tanta est, in atrocissimum odium converter.«*[54]

2.2.2 Der Wandel im Amt und der Verzicht auf die weltliche Macht

Thomas von Froidmont stützt sich im Folgenden besonders auf die Viten von Johannes von Salisbury, Beckets langjährigem Berater, und Herbert von Bosham, dessen intensive Beschreibungen der Gefühle und Überlegungen Beckets sich an dieser Stelle als hilfreich erweisen. Mit einem Psalmwort berichtet er vom Sinneswandel des frisch inthronisierten Erzbischofs (*»mutatio-*

---

[52] FROIDMONT, Vita, 26.

[53] FROIDMONT, Vita, 26 nach GRIM (Materials, II, 363).

[54] FROIDMONT, Vita, 32 nach GRIM (Materials, II, 367f.)

nem dextere Excelsi«[55]): dieser legt gleich nach seiner Wahl allen Prunk und all seine Privilegien ab, was sich bei mehreren Autoren durch den wiederholten Verzicht auf seine Priestergewänder andeutetet (*»contra morem in veste seculari frequentaret chorum*«[56]; *»veterem exuit hominem, ciliciam induitur*«[57]). Er zügelt zudem seine körperlichen Begierden (*»carnem crucifigens cum viciis et concupiscentiis suis, genuinos, eius impetus subnervans*«[58]) und wendet sich stattdessen den Armen und Pilgern aufopferungsvoll zu.

Johannes von Salisbury liefert eine Vorausschau, wenn er berichtet, Thomas habe schon als Lordkanzler die zunehmende Gefährdung des Klerus und des Volkes durch die Krone beobachtet und sei entschlossen gewesen, für deren Wohlergehen notfalls sein Leben zu lassen (*»firmiter in animo statuens, aut eam [= ecclesiam] de tantæ servitutis miseria liberare, aut ad imitationem Christi animam ponere pro ovibus suis*«[59]). Mit den Worten Salisburys zeichnet Froidmont deshalb ein düsteres Bild der Feinde, die Thomas Beckets Befürchtungen bewahrheiten und ihm jede seiner Handlungen und Tugenden negativ auslegen:

> *»[C]onati sunt impii obfuscare, superstitioni ascribentes, quod vitam ducebat arctiorem. Zelum iusticie crudelitatem mentiebantur, quod ecclesie procurabat utilitates, avaricie attribuebant, contemptum mundani favoris ambitionem glorie esse dicebant.*«[60]

---

[55] FROIDMONT, Vita, 42 nach Ps 76,11.

[56] GRIM (Materials, II, 368).

[57] SALISBURY (Materials, II, 306).

[58] FROIDMONT, Vita, 42 nach SALISBURY (Materials, II, 306); vgl. Gal 5,24.

[59] SALISBURY (Materials, II, 306).

[60] FROIDMONT, Vita, 42 nach SALISBURY (Materials, II, 309f.).

2.3 Konflikt und Exil

2.3.1 Der Konflikt um die Constitutions of Clarendon

War der Streit zwischen König Heinrich II. und Thomas Becket, so lange dieser noch beide Ämter innehatte, eher unterschwelliger Natur gewesen, so markiert der Verzicht Beckets auf das Amt des Lordkanzlers den Wendepunkt in der Beziehung: seine eindeutige Positionierung als Mann der Kirche erfordert es nun, der Beschneidung der klerikalen Macht durch die Krone entgegenzutreten.

In diesem Sinne bezeichnet Herbert von Bosham die Konstitutionen von Clarendon als »plana, [...] ampla dissensionis materia, post modicum exsilii, et postmodum martyrii causa«[61]. Diese Meinung ist unter den Biographen unstrittig; nicht wenige zitieren die besonders kontroversen Passagen sogar wörtlich in ihren Berichten, so etwa die Verbote, ohne königliche Erlaubnis Appelle an den Papst zu richten oder dessen Einladung zu folgen und die massiven Einschränkungen bei Exkommunikationen von Bediensteten des Königs und Interdikten über dessen Ländereien.[62] Der eigentliche Stein des Anstoßes dürfte jedoch das Vorhaben des Königs gewesen sein, Kleriker im Straffall neben dem geistlichen auch noch vor ein weltliches Gericht zu stellen und sie so gegebenenfalls für ein und dieselbe Tat doppelt sühnen zu lassen[63].

Der Erzbischof von Canterbury weigerte sich, ein derartiges Schriftstück zu unterzeichnen. Schon Jahre zuvor hatte er vom König die völlige Exemption des Klerus von aller bürgerlichen Gerichtsbarkeit und die Begründung eines selbständigen Kircheguts gefordert und sah hier nun den Rechts-

---

[61] BOSHAM (Materials, III, 287).

[62] Vgl. FROIDMONT, Vita, 76f. unter Rückgriff auf GRIM (Materials, II, 380) und den von TEWKESBURY editierten Brief Beckets aus dem Jahre 1166 (Materials, V, 394).

[63] Vgl. CANTERBURY (Materials, I, 13); SALISBURY (Materials, II, 310); BOSHAM (Materials, III, 261, 266–275; ANONYMUS I (Materials, IV, 25–27, 95–97, 201–205); PONT-SAINTE-MAXENCE, Vie, v. 826–920.

grundsatz »*ne bis in idem*« verletzt. Er hatte in Bologna zu einer Zeit studiert, die von der Ordnung des *Decretum Gratiani* und der wissenschaftlichen Bearbeitung und Lehre des kanonischen Rechts, das sich auch allmählich in England ausbreitete, geprägt war.[64]

Leider messen die Biographen dem Studium Thomas Beckets und dem entscheidenden Einfluss auf dessen Geisteshaltung kaum Bedeutung bei. Fest steht, dass sich mit Becket und Heinrich II. zwei Charaktere gegenüberstanden, die zwei fundamental verschiedene Positionen zur Deutungshoheit von Recht und Macht wiederspiegelten: Becket stand für die *libertas Ecclesiae Anglicanae* ein, die sich diese mithilfe des kanonisch-römischen Rechts unter Stephan von Blois erkämpft hatte. Er traf damit auf einen normannischen König, der wild entschlossen war, sein geschwächtes Königtum zum Ruhm seiner Vorfahren Wilhelms des Eroberers und Heinrichs I. zurückzuführen und zu diesem Zweck die Kronherrschaft über die englische Kirche wiederzuerlangen suchte.

Dementsprechend stießen auch die Vermittlungsversuche der Bischöfe, v. a. Gilbert Foliots, bei Thomas auf Unverständnis. Nach langem Widerstand gab er zunächst das mündliche Versprechen ab, die Konstitutionen annehmen zu wollen, weigerte sich aber später, die Urkunde zu unterzeichnen. Zum Rücktritt gedrängt und von seinen Bischöfen schließlich im Stich gelassen (»*quasi arientes non habentes cornua*«[65]), wurde Thomas angeklagt und wegen Meineides und Hochverrats verurteilt.

2.3.2 Das Exil Thomas Beckets und der Kampf gegen Heinrich

Mit den beiden Viten von Herbert von Bosham und dem Anonymus I bzw. Roger von Pontigny erhalten wir zwei Augenzeugenberichte, die es erlau-

---

[64] Vgl. STAUNTON, Biographers, 104f.

[65] GRIM (Materials, II, 377) zitiert hier einen Brief Papst Alexanders III.

ben, die spannungsreiche Zeit des Exils zwischen 1164 und 1170 zu rekapitulieren. Je nachdem, auf welche der beiden Quellen sie sich stützten, gibt es unter den Biographen entsprechend unterschiedliche Ansichten über einige Detailfragen.

Die Vita Alan von Tewkesburys zeigt, dass diesem anstelle einer Charakterisierung Beckets eindeutig an der Historizität der Ereignisse gelegen war; da er das Exil nicht selbst erlebt hat, richtet er sein Hauptaugenmerk auf die weiteren Entwicklungen in England bis 1170. Dies erscheint umso sinnvoller, als die Ereignisse in England und Frankreich ja keineswegs von einander abgekoppelt waren, sondern Becket vom Exil aus den Konflikt weiterhin befeuerte und Abweichler aus den eigenen Reihen kraft seines Amtes mit Kirchenstrafen belegte.

Thomas von Froidmont bezieht sich indes auf Herbert von Bosham, und zwar in einer Konsequenz, die ihn ganze Teile von dessen Vita übernehmen lässt, ohne auch nur ein Personalpronomen zu verändern. So liest man bei ihm: »*me misit Cantuariam, ut ei afferrem [...] ad sanctum Automarum in Flandria, ubi me expectaret*«[66], was sich nur auf Bosham, keinesfalls aber auf Froidmont selbst beziehen kann. Immerhin wird mit St. Omer in Flandern der erste, unter den Biographen unstrittige, Aufenthaltsort Beckets angegeben.

Unter Rückgriff auf Herbert schildert Thomas von Froidmont auch das kurze, aber herzliche Aufeinandertreffen mit König Ludwig VII. – seit dem alexandrinischen Schisma treuer Verbündeter des gewählten Papstes gegen Friedrich Barbarossa und dessen Gegenpapst – und bezeugt zudem den Aufenthalt bei Papst Alexander III.

Über den Zeitpunkt der Exkommunikation der Berater König Heinrichs II. sind die Hagiographen unterschiedlicher Meinung: während Herbert von Bosham den Tag der Hl. Magdalena, also den 22. Juli 1170, an-

---

[66] FROIDMONT, Vita, 90f. unter Rückgriff auf BOSHAM (Materials III, 312f).

gibt[67], bemerkt Johannes von Salisbury, dieses Ereignis habe sich »*in die pentecostis*«[68], also bereits am 12. Juni, abgespielt. Ungeachtet der genauen Datierung bleibt dieses Ereignis freilich nicht folgenlos: Heinrich II. übt daraufhin Druck auf die Zisterzienser von Pontigny aus, Becket die Zuflucht zu verweigern; dieser schickt Herbert von Bosham zu König Ludwig VII. mit der Bitte um Asyl, das Becket schließlich in der Benediktinerabtei Sainte-Colombe in der Nähe von Sens findet.[69]

Ein weiterer Streitpunkt sind die Orte, an denen sich Becket und Heinrich II. während des Exils begegneten. Von William Fitzstephen sind uns die Städte Tours und Amboise überliefert, Herbert spricht in seinen ausschweifenden Reiseberichten dagegen von Tours und Chaumont bei Blois (»*in castro, quod Calvis Mons dicitur, prope Blesis*«[70]).

2.4 Das Martyrium Thomas Beckets

2.4.1 Die Überlieferungen des Martyriums

Edward Grim läutet das »Finale« seiner Vita durch eine Vision ein, in der er den Heiland persönlich erscheinen lässt, damit dieser Thomas nach seinem eigenen Vorbild auf dessen Leidensweg vorbereitet:

> »›*Thoma, Thoma, in tuo sanguine magnificabis ecclesiam meam.*‹ *Cui ille,* ›*Quis es, Domine, qui me visitasti?*‹ ›*Ego*‹, *inquit* ›*frater tuus sum et Salvator, qui ecclesiam meam glorificabo in tuo sanguine.*‹ *Tum ille:* ›*Utinam autem sic fiat, ut locutus est Dominus!*‹«[71]

---

[67] Vgl. BOSHAM (Materials, III, 466); STRAETEN, J. v. d.: Les Vies latines de saint Thomas et son exil en France, in: FOREVILLE, Raymonde (Hrsg.), Thomas Becket. Actes du Colloque International de Sédières, Paris 1973, 27–33.

[68] SALISBURY (Materials, II, 382).

[69] Vgl. STRAETEN, Les Vies latines, 30.

[70] BOSHAM (Materials, III, 470).

[71] GRIM (Materials, II, 419).

Thomas von Froidmont berichtet nun, wie Becket, durch die Vision des Heilands zum Kampf gerüstet, nach England zurückkehrt. Zuvor verbindet er jedoch die Informationen von Herbert von Bosham und Roger de Pontigny über ein Gespräch mit König Heinrich, in der Thomas von diesem abermals zum Gehorsam aufgefordert wird (»*O quid est, quod voluntatem meam non facis? Certe omnia traderem in manus tuas.*«[72]). Heinrich gibt ihm darin zu Bedenken, er sei schließlich nur der Sohn eines Bauern. Thomas kontert: »*Obedire oportet Deo magis quam hominibus*«[73] und vergleicht die Situation später mit der Versuchung Jesu in der Wüste[74]. Er erinnert an den Apostel Petrus, der ebenfalls von niederem Rang zum Apostelfürsten aufgestiegen sei und von Gott die Schlüssel für das Himmelreich erhalten habe[75] – möglicherweise eine kompositorische Anspielung auf die Vision von den zwei goldenen Schlüsseln bei seiner Geburt, durch die nun der Kreis geschlossen wird.

Nach England zurückgekehrt, gibt Becket dem Volk in seiner Predigt an Heiligabend zu verstehen, wie bewusst er sich des bevorstehenden Martyriums inzwischen ist: er erinnert an den Märtyrer Alphegus, der als Erzbischof von Canterbury 1012 ein gewaltsames Ende fand, und erklärt, die Zeit seines Aufbruchs (»*tempus resolutionis*«[76]) sei nun ebenfalls herbeigekommen.

Unterdessen entlädt sich die zunehmende Wut des Königs auf seine Untertanen: »*Inertes ec miseros homines enutrivi et erexi in regno meo, qui nec fidem ferunt domino suo, quem a plebeo quodam clerico tam probrose patiuntur illudi.*«[77] Vier

---

[72] FROIDMONT, Vita, 148 nach BOSHAM (Materials, III, 469f.).

[73] FROIDMONT, Vita, 146 nach ANONYMUS I (Materials, IV, 28f.).

[74] FROIDMONT, Vita, 148 nach BOSHAM (Materials, III, 469f.).

[75] FROIDMONT, Vita, 146 nach ANONYMUS I (Materials, IV, 28f.).

[76] FROIDMONT, Vita, 152 nach BOSHAM (Materials, III, 484).

[77] GRIM (Materials, II, 429).

seiner Ritter – Hugo von Moreville, Reginald Fitzurse, Wilhelm von Tracy und Richard der Bretone – verstehen dies als Aufforderung zum Mord. »*In quoque die sanctorum Innocentum*«[78], d. h. bereits am 28. Dezember, ziehen sie »*cum gladiis et fustibus*«[79], wie Herbert von Bosham formuliert – also wie die Tempeldiener zur Verhaftung Jesu Christi – nach Canterbury, um den Erzbischof festzunehmen. Sie stellen diesen in der Kirche, nachdem er von fast allen seiner Begleiter verlassen worden ist (»*singulariter erat, donec transiret*«[80]). Allein Edward Grim ist seinem Bischof wie der Lieblingsjünger Jesu gefolgt (»*eum [...] sequebatur ut videret fidem*«[81]) und wird beim Versuch, sich schützend vor diesen zu stellen, schwer verwundet.

Zum Schluss wechselt Thomas von Froidmont überraschend die literarische Ebene und beschreibt das Ableben des Erzbischofs in Anlehnung an Vergils *Aeneis* mit den Worten:

»*Hic labor extremus, factoque hic fine quievit, Purpuream tradens animam.*«[82]

»*hic labor extremus*« (III, 714) ... »*conticuit tandem factoque hic fine quievit*« (718) ... »*purpuream vomit ille animam*« (IX, 349)[83]

2.4.2 Zur Frage der Märtyrerschaft

Inwieweit ist Thomas nun Märtyrer im klassichen Sinne und ab wann hat er sein beginnendes Martyrium erkannt? Seine eigenen Schriften aus dem Exil zeigen jedenfalls, wie Edward M. Peters feststellt, eine recht irdische Verteidigungslinie: er verzichtet in seinen Briefen auf den bis dato gewohnten bil-

---

[78] BOSHAM (Materials, III, 488).

[79] Ebd.; vgl. Mt 26,47.55.

[80] FROIDMONT, Vita, 158 nach BOSHAM (Materials, III, 491f.).

[81] FROIDMONT, Vita, 160 nach BOSHAM (Materials, III, 498); vgl. Mt 26,58.

[82] FROIDMONT, Vita, 162.

[83] VERGIL, Aeneis, hrsg. und übers. von Gerhard FINK, Düsseldorf 2009.

derreichen, allegorischen Stil und argumentiert stattdessen ausschließlich mit der Autorität des Gesetzes. [84]

Bei seinen Hagiographen wird indes die typische Tendenz erkennbar, das Exil vom Martyrium her zu denken und für Becket entsprechend als eine Phase der besonders intensiven Prüfung und Bestätigung seiner Überzeugungen zu interpretieren. Um diesem Ansatz jedoch zusätzliches historisches Gewicht zu verleihen, betrachten sie das Leben des Heiligen aus verschiedenen Perspektiven:

Johannes von Salisbury steht der Tradition noch am nächsten – er schickt Becket, der in sein Kirchenrechtsstudium vertieft ist, einen tadelnden Brief und ermahnt ihn, seiner Frömmigkeit Vorrang vor seiner Wissbegierde zu geben (*»Prosunt quidem canones et leges, sed michi credite, non est hiis opus, non hoc ista sibi tempus spectacula querunt«*[85]). Er ist es auch, der – bei aller Kürze und Sachlichkeit, die seinen Augenzeugenbericht sonst auszeichnet – nicht auf die Schilderung einer Begebenheit verzichten wollte, die sich beim Entkleiden des ermordeten Thomas Becket ereignete und die auch von Thomas von Froidmont berichtet wird:

»cum beati martyris corpus sepulturæ tradendum esset, […] inventum est cilicio pedunculis et vermibus referto involutum: ipsaque femoralia ejus interiora usque ad poplites cilicina, quod antea apud nostrates fuerat inauditum, reperta sunt.« [86]

Johannes deutete die Bisse des Ungeziefers auf Beckets Körper als »freiwillig ertragenes kleines Martyrium«[87], das diesem helfen sollte, die Leiden des bevorstehenden großen Martyriums ein wenig zu lindern. Bei Edward Grim

---

[84] PETERS, E. M., The Archbishop and the Hedgehog, in: PENNINGTON, K./SOMERVILLE, R. (Hrsg.), Law, church, and society. Essays in honor of Stephan Kuttner, Philadelphia 1977, 167–184, hier: 167; zitiert in STAUNTON, Biographers, 182.

[85] SALISBURY, Letters, 32f.

[86] SALISBURY (Materials, II, 321).

[87] SCHMIDT, Thomas von Froidmont, 136.

erscheint Becket sogar, wie erwähnt, der Heiland persönlich, um ihn in seine eigene Passion hineinzubegleiten.

Demgegenüber steht die Vita des Anonymus II, der Thomas in deutlich menschlicherem Licht erscheinen lässt[88]: ähnlich wie Bosham schildert er die Unsicherheiten und Zweifel Beckets vor der Wahl zum Erzbischof. Er gibt auch unverblümt die kritischen Stimmen wieder, die Thomas nach seinem Tod persönliche Motive und religiösen Eifer unterstellten und seine Demut und die Märtyrerschaft per se in Zweifel zogen.[89]

In wieweit ist Thomas Becket nun Märtyrer im klassischen Sinn? Es liegt auf der Hand, dass der Hass seiner Feinde (vgl. Kapitel 2.2.1) und der Mord durch die Ritter eher politisch als religiös motiviert waren und sich in erster Linie gegen die Person Beckets und nicht gegen sein persönliches Glaubenszeugnis wendeten. Man darf wie Lawrence S. Cunningham deshalb mit einigem Recht fragen, ob für das Martyrium Beckets überhaupt echtes *odium fidei* vorliegt.[90]

Thomas von Froidmont gibt eine Antwort, indem er mit den Worten Benedikt von Peterboroughs die Vision eines Mönches schildert, dem erzählt wird, Thomas Becket sei in den Kreis der himmlischen Märtyrer aufgenommen worden und stehe dort noch über Stephanus und Laurentius. Diese und andere Märtyrer seien zwar für ihre persönlichen Glaubensüberzeugungen eingetreten (»*Illorum [...] singulos singulare inisse certamen et causam proprii capitis egisse*«), Thomas habe jedoch (wie Paul Gerhard Schmidt übersetzt) das *Recht* der ganzen Kirche verteidigt (»*occubuisse vero dominum Cantuariensem pro causa universalis ecclesie*«)[91].

---

[88] Vgl. Kap. 1.2.3.

[89] STAUNTON, Biographers, 40 unter Bezug auf ROBERTSON, Materials, IV, 85–87.

[90] CUNNINGHAM, L. S., Causa non Poena: On the Contemporary Martyrs, in: LEEMANS, J. (Hrsg.), More than a Memory. The Discourse of Martyrdom and the Construction of Christian Identity in the History of Christianity, 451–464, hier: 453.

[91] FROIDMONT, Vita, 174 nach PETERBOROUGH (Materials, II, 32).

Zusammenfassend kann also gesagt werden, dass einige der Becketbiographen sich der konkurrierenden Strömungen ihrer Zeit durchaus bewusst waren. Anstatt das Leben Thomas Beckets in einen einzigen, allumfassenden und prädeterminierten Zusammenhang einordnen zu wollen, ließen daher manche eine Deutung auf mehreren Sinnebenen zu und reihten zu den üblichen Lobeshymnen und Visionen historisches Hintergrundwissen, moralische Interpetationen und sogar kirchenrechtliche Argumente[92]; der Heiligsprechung des Erzbischofs, die bereits vier Jahre nach dessen Tod erfolgte, scheint dieser »Mehrebenenansatz« indes keinen Abbruch getan zu haben.

2.5 Die Wundererzählungen

Neben der hagiographischen Quelle der Viten ist eine schier unüberblickbare Fülle von Wundererzählungen überliefert worden. Die weitaus größte Sammlung findet sich als *Miraculorum gloriosi martyris Thomæ* bei Wilhelm von Canterbury, der darüber hinaus von den bald nach Beckets Tod einsetzenden Pilgerströmen berichtet.[93] Weitere Berichte finden sich in Benedikt von Peterboroughs *Miracula S. Thomæ Cantuariensis*[94] sowie im dazugehörigen Appendix, einer Bearbeitung Edwards Grims[95] und in der *Legenda aurea* des JACOBUS DE VORAGINE[96].

Thomas von Froidmont wählt exemplarisch einige kontrastreiche *miracula* aus und bettet sie, inklusive biblischer Analogien, an verschiedenen Stellen in seine Vita ein: Bereits während des Exils in Pontigny heilt Thomas Becket einen kranken Mönch, der bei ihm die Beichte ablegt und die Toch-

---

[92] Vgl. dazu STAUNTON, Biographers, 182f.

[93] CANTERBURY (Materials, II, 173–546).

[94] PETERBOROUGH (Materials, II, 21–281).

[95] GRIM (Materials, II, 282–298).

[96] VORAGINE, J. d.: The Golden Legend or Lives of the Saints, ins Engl. übertr. von William CAXTON, First Edition 1483, hrsg. von F. S. ELLIS, London 1931, 82–87.

ter eines Ritters, die von den Brotresten aus seiner Hand gegessen hat.[97]
Nach dem Tod Beckets schließt Froidmont mit zwei ungewöhnlichen Geschichten: er schildert einen blutigen Kriminalfall, infolgedessen ein angeklagter armer Bauer an Augen und Genitalien verstümmelt wird. Durch seine unablässigen Anrufe des heiligen Thomas wachsen ihm jedoch schließlich wieder neue Organe.[98] Noch eigentümlicher ist ein »*miraculum iocundum*«[99], bei dem ein kleines Mädchen einen ihm anvetrauten Laib Käse unauffindbar verlegt. Auf Geheiß ihres Bruders betet sie zum Märtyrer, der ihr daraufhin im Traum erscheint und ihr hilft, den Käse wiederzufinden. Thomas von Froidmont berichtet weiter, wie sich durch den örtlichen Priester die Kunde vom gefundenen Käse zur erstaunten Belustigung der Leute verbreitet. Er fasst den Kern dieser Geschichte wie seiner gesamten Vita programmatisch zusammen – und schließt, in Anspielung auf Ovids *Epistulæ ex Ponto*, mit den vielsagenden Worten:

»*Ludit in humanis divina potentia rebus.*«[100]

---

[97] Vgl. GRIM (Materials, II, 287); vgl. Mt 15,26f.

[98] Vgl. FROIDMONT, Vita, 184–193 nach PETERBOROUGH (Materials, II, 174–182).

[99] FROIDMONT, Vita, 192–196; direktes Zitat 192.

[100] FROIDMONT, Vita, 196 nach OVID, Tristia. Ex Ponto, hrsg. von Wilhelm WILLIGE, Düsseldorf –Zürich 2004, IV,3,49; vgl. auch BOSHAM (Robertson, Materials, III, 436).

FAZIT

Blickt man auf die Fülle von Material über Thomas Becket und die wechsel-
volle Geschichte der Niederschriften, so lassen sich deutliche redaktionelle
Phasen und Tendenzen voneinander scheiden. Die zeitliche Nähe der Hagi-
ographien zu Becket und dessen Martyrium und die Vielzahl der detailge-
treuen Überlieferungen legte einen idealen Grundstock für erste redaktionelle Bearbeitungen. Bei näherer Betrachtung zeigt sich, dass es gerade die ord-
nenden Maßnahmen von Sekundärbiographen wie Thomas von Froidmont
waren, denen wir eine so reiche Überlieferung verdanken und die im Nach-
hinein auch das nötige Licht auf den Entstehungsprozess der Viten geworfen
haben.

So vielfältig die Charaktere der Begleiter und Zeitgenossen des Erzbischofs von Canterbury waren, so vielgestaltig ist deren je eigene Perspektive
auf dessen Leben und Wirken – so fügen sich persönliche Überlieferungen
und historische Zustpitzungen, Überhöhung und Kritik wie Steine zu einem Mosaik zusammen. Was dahinter immer deutlicher wird, sind die Kon-
turen einer historischen Gestalt, die durch ihre außergewöhnliche Biographie auch nach mehr als acht Jahrhunderten noch erstaunlich präsent ist – ein
Kämpfer zwischen zwei Welten, der sich schließlich für die Welt des Glau-
bens entschied und zum Märtyrer wurde.

LITERATURVERZEICHNIS

Primärliteratur

BOSHAM, Herbert von, *Vita Sancti Thomæ, archiepiscopi et martyris*, in: RO-BERTSON, James C. (Hrsg.), *Materials for the History of Thomas Becket, Archbishop of Canterbury*, Bd. III (= Rerum Britannicarum Medii Aevi Scriptores, Rolls Series 67), London 1877, 155–534.

CANTERBURY, Wilhelm von, *Miraculorum gloriosi martyris Thomæ, Cantuariensis archiepiscopi*, in: ROBERTSON, James C. (Hrsg.), *Materials for the History of Thomas Becket, Archbishop of Canterbury*, Bd. I (= Rerum Britannicarum Medii Aevi Scriptores, Rolls Series 67), London 1875, 173–546.

CANTERBURY, Wilhelm von, *Vita et passio S. Thomæ*, in: ROBERTSON, James C. (Hrsg.), *Materials for the History of Thomas Becket, Archbishop of Canterbury*, Bd. I (= Rerum Britannicarum Medii Aevi Scriptores, Rolls Series 67), London 1875, 1–172.

FITZSTEPHEN, William, *Vita Sancti Thomæ, Cantuariensis archiepiscopi et martyris*, in: ROBERTSON, James C. (Hrsg.), *Materials for the History of Thomas Becket, Archbishop of Canterbury*, Bd. III (= Rerum Britannicarum Medii Aevi Scriptores, Rolls Series 67), London 1877, 1–154.

FROIDMONT, Thomas von, *Die Vita des heiligen Thomas Becket, Erzbischof von Canterbury*, hrsg. und übers. von Paul Gerhard SCHMIDT (= Schriften der Wissenschaftlichen Gesellschaft an der Johann-Wolfgang-Goethe-Universität Fankfurt am Main, Geisteswissenschaftliche Reihe 8), Stuttgart 1991.

GRIM, Edward, *Vita S. Thomæ, Cantuariensis archiepiscopi et martyris*, in: RO-BERTSON, James C. (Hrsg.), *Materials for the History of Thomas Becket, Archbishop of Canterbury*, Bd. II (= Rerum Britannicarum Medii Aevi Scriptores, Rolls Series 67), London 1876, 353–450.

GRIM, Edward, *Appendix to the Miracula S. Thomæ Cantuariensis*, in: ROBERT-SON, James C. (Hrsg.), *Materials for the History of Thomas Becket, Archbishop of Canterbury*, Bd. II (= Rerum Britannicarum Medii Aevi Scriptores, Rolls Series 67), London 1876, 282–298.

PETERBOROUGH, Benedikt von, *Miracula S. Thomæ Cantuariensis*, in: RO-BERTSON, James C. (Hrsg.), *Materials for the History of Thomas Becket, Archbishop of Canterbury*, Bd. II (= Rerum Britannicarum Medii Aevi Scriptores, Rolls Series 67), London 1876, 21–281.

PONTIGNY, Roger von, *Vita Sancti Thomæ, Cantuariensis archiepiscopi et martyris*, in: ROBERTSON, James C. (Hrsg.), *Materials for the History of Thomas Becket, Archbishop of Canterbury*, Bd. IV (= Rerum Britannicarum Medii Aevi Scriptores, Rolls Series 67), London 1879, 1–79.

PONT-SAINTE-MAXENCE, Guernes de, *La vie de Saint Thomas Becket*, hrsg. von Emmanuel WALBERG, Paris 1971.

SALISBURY, Johannes von, *The Letters of John of Salisbury, Vol. 2: The Later Letters (1163–1180)*, hrsg. von W. J. MILLOR and C. N. L. BROOKE, Oxford 1979, Nr. 305, 724–739.

SALISBURY, Johannes von/TEWKESBURY, Alan von, *Vita Sancti Thomæ Cantuariensis Archiepiscopi et martyris*, in: ROBERTSON, James C. (Hrsg.), *Materials for the History of Thomas Becket, Archbishop of Canterbury*, Bd. II (= Rerum Britannicarum Medii Aevi Scriptores, Rolls Series 67), 299–322.

VORAGINE, Jacobus de, *The Golden Legend or Lives of the Saints*, ins Engl. übetrtr. von William CAXTON, hrsg. von F. S. ELLIS, London 1931, 82–87.

Sekundärliteratur

ABBOTT, Edwin A.: *St. Thomas of Canterbury. His death and miracles*, New York 1898.

BARLOW, Frank, *Thomas Becket*, London 1986.

CUNNINGHAM, Lawrence S., *Causa non Poena: On the Contemporary Martyrs*, in: LEEMANS, Johan (Hrsg.), *More than a Memory. The Discourse of Martyrdom and the Construction of Christian Identity in the History of Christianity* (= Annua nuntia Lovaniensia 51), Leuven 2005, 451–464.

DUGGAN, Anne, *Thomas Becket: A Textual History of his Letters*, Oxford 1980.

FOREVILLE, Raymonde, *L'Eglise et la Royauté en Angleterre sous Henri Plantagenet (1154–1189)*, Paris 1943.

FOREVILLE, Raymonde (Hrsg.), *Thomas Becket. Actes du Colloque International de Sédières*, Paris 1973.

FOREVILLE, Raymonde, *Thomas Becket dans la tradition historique et hagiographique*, Paris 1981.

GRANSDEN, Antonia, *Historical Writing in England c. 550 to c. 1307*, London (Routledge and Kegan Paul) 1974.

KNOWLES, David, *Thomas Becket*, London 1970.

MAGNUSSON, Eirikr M., *Thomas Saga Erkibyskups*, 2 Bde., London 1884.

ORME, Margaret, *A Reconstruction of Robert of Cricklade's Vita et Miracula S. Thomæ Cantuariensis*, Analecta Bollandina 84 (1966), 379–398.

OVID, *Tristia. Ex Ponto*, hrsg. von Wilhelm WILLIGE, Düsseldorf /Zürich 2004.

PETERS, Edward M., *The Archbishop and the Hedgehog*, in: PENNINGTON, Kenneth/SOMERVILLE, Robert (Hrsg.), *Law, church, and society. Essays in honor of Stephan Kuttner*, Philadelphia 1977, 167–184.

SCHMIDT, Paul Gerhard (Hrsg.), *Thomas von Froidmont. Biograph des Heiligen Thomas Becket* (= Sitzungsberichte der Wissenschaftlichen Gesellschaft an der Johann-Wolfgang-Goethe-Universität Frankfurt am Main, Bd. 25, Nr. 4), Stuttgart 1989.

STAUNTON, Michael, *Thomas Becket and his Biographers* (= Studies in the History of Medieval Religion 28), Woodbridge 2006.

STRAETEN, Joseph van der: *Les Vies latines de saint Thomas et son exil en France*, in: FOREVILLE, Raymonde (Hrsg.), *Thomas Becket. Actes du Colloque International de Sédières*, Paris 1973, 27–33.

VERGIL, *Aeneis*, hrsg. und übers. von Gerhard FINK, Düsseldorf 2009.

WALBERG, Emmanuel, *La tradition hagiographique de Saint Thomas Becket avant la fin du XXIᵉ siècle: études critiques*, Paris 1929.